BEI GRIN MACHT SICH IHR WISSEN BEZAHLT

- Wir veröffentlichen Ihre Hausarbeit,
  Bachelor- und Masterarbeit

- Ihr eigenes eBook und Buch -
  weltweit in allen wichtigen Shops

- Verdienen Sie an jedem Verkauf

Jetzt bei www.GRIN.com hochladen und kostenlos publizieren

Trainingsplanung für das Beweglichkeits- und Koordinationstraining

Pauline Küsel

Bibliografische Information der Deutschen Nationalbibliothek:

Die Deutsche Nationalbibliothek verzeichnet diese Publikation in der Deutschen Nationalbibliografie; detaillierte bibliografische Daten sind im Internet über http://dnb.d-nb.de abrufbar.

ISBN: 9783389026878
Dieses Buch ist auch als E-Book erhältlich.

© GRIN Publishing GmbH
Trappentreustraße 1
80339 München

Druck und Bindung: Books on Demand GmbH, Norderstedt Germany
Gedruckt auf säurefreiem Papier aus verantwortungsvollen Quellen

Das Buch bei GRIN: https://www.grin.com/document/1477252

Inhaltsverzeichnis

1. Trainingsplanung Beweglichkeitstraining

Für eine optimale Trainingssteuerung ist eine Diagnose erforderlich. In einem Eingangs-gespräch wurden daher alle notwendigen Daten gesammelt, um einen aktuellen Ist-Zu-stand der Person zu ermitteln. Die Darstellung dieser allgemeinen und biometrischen Da-ten sind für den weiteren Verlauf der Trainingsplanung unerlässlich. In der folgenden Tabelle 1 werden alle relevanten Daten aufgelistet.

1.1 Allgemeine und biometrische Daten

Tabelle 1: Allgemeine und biometrische Daten (eigene Darstellung)

Parameter	Daten
Alter	21 Jahre
Geschlecht	Weiblich
Körpergröße	169 cm
Körpergewicht	63 kg
Trainingsmotive	• Verbesserung bzw. Erhalt der Beweglichkeit • Abbau von Muskelverspannungen • Verbesserung der Entspannungsfähigkeit
Berufliche Tätigkeit	Duale Studentin (Personal Trainerin in einem EMS-Fit-nessstudio/Vollzeit), stehende Tätigkeit
Frühere sportliche Aktivitäten	Cheerleading seit 15 Jahren als Leistungssport im Verein (2 bis 3x pro Woche je 90 bis 120 Minuten)
Aktuelle sportliche Aktivitäten	• Cheerleading seit 15 Jahren als Leistungssport im Verein (2 bis 3x pro Woche je 90 bis 120 Minuten) • EMS-Training seit zwei Jahren (1x pro Woche je 20 Minuten)
Zeitlicher Verfügungsrahmen	3 bis 4x pro Woche je 30 bis 45 Minuten
Orthopädische/internistische Probleme	Keine
Ärztliche Behandlungen	Keine
Einnahme von Medikamenten	Keine
Sonstige gesundheitliche Ein-schränkungen	Keine

1.2 Beurteilung der Beweglichkeit und Gleichgewichtsfähigkeit

Nach Ermittlung der personenbezogenen Daten im Eingangsgespräch können Rück-
schlüsse auf die Beweglichkeit und Gleichgewichtsfähigkeit der Probandin, anhand der
biometrischen Daten gezogen werden. Aus Tabelle 1 geht hervor, dass die Probandin weder orthopädischen oder internistische Probleme hat noch ärztliche Behandlungen in An-
spruch nimmt. Zusätzlich werden keine weiteren Medikamente eingenommen. Des Weiteren hat die Probandin keine gesundheitlichen Einschränkungen, was zunächst auf einen
guten Gesundheitszustand schließen lässt. Daraus lässt sich ableiten, dass die Probandin
in der Hinsicht weder eine eingeschränkte Beweglichkeit noch Gleichgewichtsfähigkeit
besitzt.

Das Alter hat ebenfalls einen entscheidenden Einfluss auf die Trainierbarkeit der Beweglichkeit. Mit zunehmenden Alter vermindert sich das Ausmaß der Beweglichkeit. Ein
weiteres Indiz für eine eingeschränkte Beweglichkeit ist eine Gelenkverletzung oder
Arthrose, welche mit zunehmenden Alter und Bewegungsmangel einhergeht. Durch de-
generative Prozesse am Gelenkknorpel können Beweglichkeitsbeeinträchtigungen resul-
tieren. Da die Probandin erst 21 Jahre alt ist und regelmäßig sportliche Aktivitäten ausübt,
zögert das den Rückbildungs- und Abnutzungsprozess hinaus.

Das Beweglichkeitstraining ist bereits fester Bestandteil ihrer Trainingseinheiten im Ver-
einssport. Cheerleading ist eine abwechslungsreiche Sportart, die sich durch schwung-
volle Tänze, akrobatische Hebe- und Wurffiguren sowie Elemente des Bodenturnens auszeichnet. Dabei ist nicht nur eine gute Beweglichkeit, sondern auch eine gut ausgeprägte
Gleichgewichtsfähigkeit erforderlich. Auch durch die berufliche Tätigkeit der Probandin,
als Personal Trainerin und das regelmäßige EMS-Training geht eine gut ausgeprägte Ko-
ordinationsfähigkeit einher.

Aufgrund der vielseitigen Erfahrungen der Probandin wird sie im Bereich Beweglichkeit
und Gleichgewichtsfähigkeit als fortgeschritten eingestuft.

2. Trainingsplanung Beweglichkeitstraining

2.1 Übungsauswahl und Dehnmethoden Beweglichkeitstraining

In folgender Tabelle ist die Trainingsplanung für ein Beweglichkeitstraining im Sinne eines Dehntrainings für die Probandin dargestellt. Der Trainingsplan besteht aus elf unterschiedlichen Dehnübungen, die alle wichtigen Muskel-Gelenk-Systeme berücksichtigen.

Tabelle 2: Übungsauswahl Dehnprogramm (eigene Darstellung)

	Zielmuskulatur	Dehnmethode/ Arbeitsweise	Ausführungskriterien
1	Nackenmuskulatur M. trapezius pars descendens	Aktiv-passiv/ statisch	Die Probandin steht aufgerichtet im Schulterbreiten Stand und baut Spannung in der Rumpfmuskulatur auf. Die Knie sind dabei leicht gebeugt und das Becken aufgerichtet. Der Kopf wird mithilfe der Hand zur Seite geneigt (passive Komponente der Dehnung), wobei die Blickrichtung nach vorn gerichtet bleibt. Die zur Kopfneigung gegenüberliegende Schulter wird aktiv nach unten gezogen. Diese Zugbewegung erfolgt durch Antagonisten des M. trapezius, pars descendens (aktive Komponente der Dehnung). Die Probandin atmet ruhig aus, während die gegenüberliegende Schulter nach unten gezogen wird.
2	Schulterblattfixatoren M. trapezius Mm. rhomboidei	Bilateral aktiv/ statisch	Die Probandin befindet sich in einem aufrechten und Schulterbreiten Stand. Die Hände werden gestreckt und auf Schulterhöhe vor dem Körper verschränkt. Die Dehnposition wird eingenommen, indem die Schulterblätter aktiv nach vorne gezogen werden. Zusätzlich wird der Kopf leicht nach vorn geneigt, die Schultern bleiben tief. Für eine statische Ausführung der Dehnung der Schulterblattfixatoren wird diese Position gehalten.
3	Brustmuskulatur M. pectoralis major	Aktiv/ dynamisch	Für diese Dehnposition steht die Probandin in einem aufrechtem, schulterbreitem Stand und baut leichte Spannung in der Rumpf- und Gesäßmuskulatur auf. Die Hände werden hinter dem Körper verschränkt. Dabei zeigen die Handflächen zueinander. Die Dehnposition wird eingenommen, indem die gestreckten Arme aktiv nach oben angehoben werden. Die Probandin bleibt dabei unverändert aufrecht und ihre Schultern bleiben tief. Für eine dynamische Ausführung der Dehnung des M. pectoralis major werden die Arme im Wechsel leicht angehoben und wieder gesenkt.
4	Rückenstrecker Mm. erector spinae	Aktiv/ dynamisch	Die Ausgangsposition zur Dehnung des Mm. erector spinae ist bei dieser Übung der Vierfüßlerstand (Schultern über den Handgelenken, Hüfte über den Knie). Die Dehnposition wird eingenommen, indem die Bauchmuskulatur (antagonistische Muskulatur des Mm. erector spinae) aktiv angespannt wird. Dabei wird die Wirbelsäule im Rahmen ihres physiologischen Bewegungsspielraums nach oben gewölbt. Für eine dynamische Ausführung der Dehnung wird die Bauchmuskulatur im Wechsel aktiv angespannt und wieder gelöst. Zugleich wird die Wirbelsäule bei Entspannung der Bauchmuskulatur nach unten hingestreckt und bei Anspannung nach oben gewölbt.

	Zielmuskulatur	Dehnmethode/ Arbeitsweise	Ausführungskriterien
5	Seitliche Rumpfmuskulatur M. obliquus externus abdominis M. obliquus internus abdominis	Passiv/ statisch	Die Probandin liegt bei dieser Dehnungsübung auf dem Rücken. Die Beine werden angewinkelt und die Arme liegen 90 Grad abgespreizt vom Körper auf dem Boden. Die Dehnposition wird eingenommen, indem die Beine nacheinander zu einer Seite auf den Boden abgelegt werden. Der Schultergürtel liegt dabei permanent komplett auf dem Boden. Für eine statische Durchführung der Dehnung der seitlichen Rumpfmuskulatur wird diese Position gehalten und erst dann wird die Seite gewechselt.
6	Hüftbeugemuskulatur M. iliopsoas M. rectus femoris	Passiv/ statisch	Für diese Dehnposition befindet sich die Probandin in einem Kniestand. Zunächst wird ein Bein vor den Körper auf den ganzen Fuß abgestellt. Dabei ist das vordere Bein im Kniegelenk gebeugt und der Fuß steht vor dem Knie. Das hintere Bein liegt mit dem kompletten Unterschenkel und Knie auf dem Boden. Der Oberkörper wird mit den Händen auf dem vorderen Bein abgestützt, der Blick ist dabei nach vorne gerichtet. Die Dehnposition wird eingenommen, indem der Körperschwerpunkt nach vorne unten verlagert wird. Zugleich wird das Becken abgesenkt. Während der gesamten Bewegung bleibt der Oberkörper aufrecht. Für eine statische Ausführung der Dehnung der Hüftbeugemuskulatur wird diese Position gehalten, erst dann wird die Seite gewechselt.
7	Gesäßmuskulatur M. glutaeus maximus M. glutaeus medius M. glutaeus minimus	Passiv/ dynamisch	Die Ausgangsposition ist bei dieser Übung die Rückenlage Ein Bein wird mit gebeugtem Kniegelenk auf dem Boden platziert, während das andere Bein in der Hüfte nach außen rotiert und mit dem Unterschenkel auf dem Stützbein abgelegt wird. Die Dehnposition wird eingenommen, indem das Stützbein mit beiden Armen an der Oberschenkelrückseite gegriffen und zum Oberkörper herangezogen wird. Der Unterschenkel des Stützbeins bleibt dabei entspannt. Für eine dynamische Ausführung der Dehnung wird der Zug am Bein im Wechsel etwas gelöst und wieder verstärkt.
8	Kniebeugemuskulatur M. biceps femoris M. semimembranosus M. semitendinosus	Passiv/ Postisometrisch	Für die Dehnposition befindet sich die Probandin in einem hüftbreiten Stand. Das zu dehnende Bein wird nach vorne in einer leichte Schrittstellung abgesetzt und gestreckt. Die Hüfte kippt leicht nach hinten, während sich der gerade Oberkörper nach vorne beugt. Gleichzeitig wird im Kniegelenk des nicht dehnenden Beines eine Flexion durchgeführt, der Fuß bleibt dabei vollständig auf dem Boden. Beide Oberschenkel sind auf einer Höhe und die Arme sind vor dem Oberkörper verschränkt. Die Dehnposition wird durch die Schwerkraft des Oberkörpers gehalten (passive Komponente der Dehnung). Zunächst wird eine leichte Dehnposition eingenommen. Anschließend wird die zu dehnende Muskulatur (Mm. Ischiocrurales) isometrisch kontrahiert (ca. 6-10 Sekunden), indem der Fuß kräftig in den Boden gedrückt wird. Nach der Kontraktion wird die Muskulatur wieder völlig entspannt für ca. 2-3 Sekunden. Danach beugt sich der Oberkörper wieder nach vorn, um einen deutlich spürbaren passiven Dehnreiz für ca. 10-20 Sekunden statisch zu halten.
9	Kniestreckermuskulatur M. quadriceps femoris	Aktiv-passiv/ statisch	Die Probandin befindet sich bei dieser Übung zunächst in einer Seitenlage. Ein Arm dient als Verlängerung des Körpers und liegt durchgestreckt auf dem Boden, während der Kopf darauf abgelegt wird. Das untere Bein wird am Boden angewinkelt, um das Becken besser zu fixieren. Das obere Bein wird im Kniegelenk gebeugt und die Ferse wird mit dem oberen Arm, oberhalb vom Sprunggelenk maximal zum Gesäß gezogen (passive Komponente der Dehnung).

	Zielmuskulatur	Dehnmethode/ Arbeitsweise	Ausführungskriterien
9			Die Dehnposition wird eingenommen, indem die antagonistische Muskulatur (M. glutaeus) angespannt und dabei das Becken nach vorn gekippt wird (aktive Komponente der Dehnung). Für eine statische Ausführung der Dehnung des M. quadriceps fermoris wird diese Position gehalten.
10	Kniebeugemuskulatur M. biceps femoris M. semimembranosus M. semitendinosus	Aktiv-passiv/ Dynamisch	Die Probandin befindet sich bei dieser Dehnung in einer Rückenlage. Ein Bein wird im Kniegelenk angewinkelt und mit dem Fuß auf dem Boden abgesetzt. Das andere Bein wird am Unterschenkel mit beiden Händen zum Oberkörper herangezogen (passive Komponente der Dehnung), um eine maximal mögliche Hüftflexion zu erreichen. Die Dehnposition wird eingenommen, indem das Kniegelenk des zu dehnenden Beines maximal gestreckt wird (maximal mögliche aktive Kniegelenksextension). Diese Streckung erfolgt durch Antagonisten (u. a. M. quadriceps femoris) der ischiocruralen Muskulatur (aktive Komponente der Dehnung). Für eine dynamische Ausführung der Dehnung wird das Kniegelenk im Wechsel etwas gebeugt und wieder gestreckt.
11	Zwillingswadenmuskulatur M. gastrocneminus	Passiv/ Dynamisch	Die Ausgangsposition der Probandin ist ein aufrechter, schulterbreiter Stand. Von hier aus wird ein Bein gestreckt nach hinten gestellt, während das vordere Bein im Kniegelenk gebeugt wird. Beide Fußsohlen berühren durchgehend den Boden und zeigen parallel nach vorne. Der Oberkörper ist leicht nach vorn gebeugt und bildet zusammen mit dem hinteren Bein eine Linie. Die Arme befinden sich als Stützfunktion an der Hüfte. Die Dehnposition wird eingenommen, indem das vordere Bein gebeugt wird und der Körperschwerpunkt sich dabei nach vorne unten verlagert. Die Dorsalextension im hinteren Bein wird dadurch vergrößert. Für eine dynamische Ausführung der Dehnung des M. gastrocneminus wird das vordere Bein im Wechsel leicht gebeugt und gestreckt.

2.2 Belastungsgefüge Beweglichkeitstraining

Tabelle 3: Belastungsgefüge Dehnprogramm (eigene Darstellung)

Belastungsparameter	
Trainingshäufigkeit/Woche	3-mal pro Woche
Sätze/Übung	3 Sätze pro Übung
Dehndauer	Statisch: 30 Sekunden Dynamisch: 15 Wiederholungen
Intensität	Maximale Reizintensität

2.3 Begründung zur Trainingsplanung für das Beweglichkeitstraining

Auf Grundlage der allgemeinen und biometrischen Daten wurde für die Probandin ein individuelles Trainingsprogramm mit elf verschiedenen Dehnübungen erstellt. Dabei wurden alle wichtigen mehrgelenkigen Muskelgruppen berücksichtig und gleichermaßen integriert. Insgesamt wurden fünf Übungen für die oberen und sechs für die unteren Extremitäten gewählt. „Grundsätzlich ist Dehnen nur sinnvoll, wenn es täglich und langfristig durchgeführt wird" (Tomasits & Haber, 2016, S. 174). Demnach sind nach Tomasits und Haber (2016) zwei Trainingseinheiten pro Woche wirkungslos und überflüssig. Die Probandin führt das Beweglichkeitstraining drei Mal pro Woche als eigenständige Trainingseinheit durch. Die Trainingshäufigkeit des Dehnprogrammes wurde aufgrund des zeitlichen Verfügungsrahmen der Probandin gewählt.

Die grundsätzliche Übungsauswahl folgt den Empfehlungen von Albrecht und Meyer (2015, S. 38). Bei dieser sollen neben den defizitären Muskelgruppen auch jene trainiert werden, die keine Defizite aufweisen. Zudem wurden Übungen gewählt, um die Probandin bei ihren aktuellen sportlichen Aktivitäten und dem Berufsleben zu unterstützen. Außerdem dienen die Dehnübungen zur Erhaltung und Verbesserung der allgemeinen Beweglichkeit.

Im Trainingsprogramm wurden unterschiedliche Dehnmethoden angewendet. Passives Stretching wird im Trainingsprogramm eingesetzt, da es sich durch seine einfache Handhabung auszeichnet. Außerdem liegt bei passiven Dehnmethoden ein stärkerer Fokus auf dem zu dehnenden Muskel, da nur dieser beteiligt ist. Der Vorteil des aktiven Dehnens besteht darin, auf welche Art und Weise die entsprechende Dehnposition eingenommen werden kann. Die Dehnung erfolgt durch die Kontraktion der antagonistischen Muskeln und kann bei der Kräftigung beitragen. Ein Vorteil des statischen Dehnens besteht darin, dass man sehr kontrolliert dehnen kann (Freiwald, 2009, S. 278). Begünstigt wird das dynamische Dehnen, da nach Freiwald (2009) positiv zu erkennen ist, dass die Endposition nicht gehalten, sondern durch leichtes Nachfedern der Dehnungsrahmen kontinuierlich vergrößert wird.

Laut Freiwald (2009, S. 284) liegen die Vorteile der Durchführung einer postisometrischen Dehnung in der erhöhten Durchblutung und der Stärkung des anschließend gedehnten Muskels durch die vorangegangene isometrische Anspannung. Das postisometrische Dehnen, auch „Anspannungs-Entspannungs-Dehnen" (Knebel, 1985, S. 59) genannt, ist aufgrund der komplizierten Form eher für erfahrene Trainierende geeignet. Die Probandin hat bereits Erfahrung im Beweglichkeitstraining. Die Anwendung ist daher unbedenklich. Die postisometrische Dehnmethode ist speziell für die Übung der hinteren Oberschenkelmuskulatur (M. ischiocrurales) gedacht, da Wydra et al. (1999, S. 14) die größte Änderung der Dehnungsspannung im Vergleich zur aktiven, statischen und dynamischen Dehnung nachweisen konnte.

Über die Dehndauer gibt es unterschiedliche Ansichten der Experten. Die Dehndauer bei statischen Übungen beträgt zehn bis 15 Sekunden, da Dehnphasen kaum einen physiologischen Nutzen haben, wenn sie länger als 15 Sekunden andauern (Klee & Wiemann, 2005, S. 117). Walker (2014) empfiehlt eine Dehndauer von 30 bis 45 Sekunden. Eine Überschreitung dieser zeit führt nachweislich zu keinem besseren Erfolg (Walker, 2014, S. 43). Zur gezielten Verbesserung der Beweglichkeit beträgt die Dehndauer bei statischer Dehnung für die Probandin 30 Sekunden. Für das dynamische Dehnen empfehlen Klee und Wiemann (2005) eine Dehndauer von zehn bis 15 Wiederholungen.

Laut Klee und Wiemann (2005) sollte die Belastungshäufigkeit eines Muskels im Dehntraining auf höchstens vier Wiederholungen begrenzt werden. Für die Probandin wurde eine Anzahl von drei Sätzen pro Übung ausgewählt, um im verfügbaren Zeitrahmen zu bleiben.

Für die Probandin wurde eine maximale Intensität gewählt, da keine Einschränkungen vorliegen. Durch dieses wird beim Dehntraining der Dehnreiz wirksamer und es resultiert eine größere Bewegungsreichweite als bei submaximaler Intensität (Albrecht & Meyer, 2015, S. 42). Nach Marschall (1999, S. 8) kann durch eine maximale Dehnposition schnellere Erfolge erzielt werden.

Ein Beweglichkeitstraining sollte immer gegen Ende eines ganzheitlichen Trainingsprogrammes stattfinden, da nach Wiemann & Klee (2000) ein intensives statisches Dehnen vor sportlicher Belastung als verletzungsfördernd bzw. kontraproduktiv für eine optimale Leistungsförderung erkannt wurde.

Alle aufgeführten Dehnübungen werden auf beiden Seiten des Körpers über die angegebene Dehndauer sowie Dehnintensität durchgeführt.

3. Trainingsplanung Koordinationstraining

3.1 Übungsauswahl Koordinationstraining

In folgender Tabelle wird das für die Probandin erstellte Koordinationstraining im Sinne eines Gleichgewichtstraining dargestellt. Das Trainingsprogramm besteht aus zwölf unterschiedlichen Koordinationsübungen. Diese sind systematisch nach den methodisch-didaktischen Prinzipien aufgebaut.

Tabelle 4: Übungsauswahl Gleichgewichtstraining (eigene Darstellung)

Nr.	Übung	Beschreibung	Hilfsmittel/ Kleingeräte
1	Einbeinstand mit Pendelbewegungen → stabiler Untergrund → dynamische Arbeitsweise	Die Probandin befindet sich in der Ausgangsposition in einem hüftbreiten Stand. Dabei sind die Kniegelenke leicht gebeugt. Der Oberkörper ist gerade und der Blick nach vorn gerichtet. Während der Übungsausführung bleibt das Standbein mit der gesamten Fußsohle fest auf dem Boden. Die Hände werden an der Hüfte abgestützt. Durch eine Flexion in Hüft- und Kniegelenk wird ein Bein leicht angehoben. Das angehobene Bein wird über die Belastungsdauer durch leichtes vor und zurückschwingen bewegt. Danach wird das Bein gewechselt.	Keine
2	Einbeinstand mit Augen geschlossen → stabiler Untergrund → statische Arbeitsweise	Die Probandin befindet sich in der Ausgangsposition in einem hüftbreiten Stand. Dabei sind die Kniegelenke leicht gebeugt. Der Oberkörper ist gerade und der Blick nach vorn gerichtet. Während der Übungsausführung bleibt das Standbein mit der gesamten Fußsohle fest auf dem Boden. Die Hände werden an der Hüfte abgestützt und die Augen werden geschlossen. Durch eine Flexion in Hüft- und Kniegelenk wird ein Bein leicht angehoben. Das angehobene Bein wird über die Belastungsdauer gehalten. Danach wird das Bein gewechselt.	Keine
3	Sitzend mit abheben der Beine → instabiler Untergrund → statische Arbeitsweise	Für die Ausgangsposition sitzt die Probandin mit dem Gesäß auf dem Pezziball. Die Gleichgewichtsübung wird durchgeführt, indem die Beine gestreckt vom Boden abheben, sodass kein Körperteil den Boden berührt. Die Arme können dabei zur Seite vom Körper weggestreckt werden, um die Balance zu halten. Während der gesamten Belastungsdauer wird die Übung gehalten.	Pezziball
4	Liegestützposition → instabiler Untergrund → statische Arbeitsweise	Die Probandin befindet sich bei dieser Übung in einer Liegestützposition. Der Rumpf ist angespannt, damit der Rücken weder gerundet noch überstreckt wird. Die Unterarme liegen auf dem Pezziball. Der Blick ist als Verlängerung der Wirbelsäule nach unten gerichtet. Diese Position wird über die Belastungsdauer gehalten.	Pezziball
5	Vierfüßlerstand → instabiler Untergrund → statische Arbeitsweise	Die Probandin befindet sich in einem Vierfüßlerstand auf dem Pezziball. Die Wirbelsäule ist bei dieser Übung weder gerundet noch überstreckt. Über den gesamten Belastungszeitraum wird versucht das Gleichgewicht zu balancieren.	Pezziball

Nr.	Übung	Beschreibung	Hilfsmittel/ Kleingeräte
6	Russian Twist → instabiler Untergrund → dynamische Arbeitsweise	Bei dieser Übung liegt die Probandin mit den Schulterblättern rücklings auf dem Pezziball. Die Füße werden etwas mehr als schulterbreit auf dem Boden abgestellt. Dabei sind die Knie ca. 90 Grad gebeugt, die Hüfte wird gestreckt und die Arme werden horizontal nach oben gestreckt. Aus dieser Position erfolgt über die Belastungsdauer eine Rumpfrotation nach rechts und links.	Pezziball
7	Standwaage → instabiler Untergrund → statische Arbeitsweise	Die Ausgangsposition der Probandin ist ein hüftbreiter Stand. Die Kniegelenke sind leicht gebeugt, der Oberkörper ist gerade und der Blick ist nach vorn gerichtet. Während der Übungsausführung bleibt das Standbein mit der gesamten Fußsohle fest auf dem Boden. Durch eine Extension in Hüft- und Kniegelenk wird ein Bein nach hinten oben gestreckt. Dabei lehnt sich der Oberkörper nach vorne und die Arme werden zur Seite parallel zum Boden gestreckt. Der Rumpf und das Gesäß sind über den Belastungszeitraum gespannt. Für eine statische Arbeitsweise wird die Position gehalten. Danach erfolgt ein Beinwechsel.	Balance Pad
8	Standwaage mit Verlagerung des Körperschwerpunktes → instabiler Untergrund → dynamische Arbeitsweise	Die Probandin befindet sich in der Ausgangsposition wie in Übung 7. Ein Tennisball liegt vor der Probandin auf dem Boden. Während der Übungsausführung bleibt das Standbein mit der gesamten Fußsohle fest auf dem Boden. Durch eine Extension in Hüft- und Kniegelenk wird ein Bein nach hinten oben gestreckt. Dabei lehnt sich der Oberkörper nach vorne und die Arme werden nach vorn parallel zum Boden gestreckt. Der Oberkörper und das freie Bein bilden eine Line. Bei der Durchführung der Übung wird der Oberkörper so weit nach vorn unten gelehnt bis die Hände den Tennisball berühren. Dieser wird vom Boden aufgehoben und Probandin geht zurück in die Standwaage. Danach wiederholt sich der Vorgang und der Tennisball wird am Boden abgelegt. Für eine dynamische Arbeitsweise wird der Tennisball über die gesamte Belastungsdauer im Wechsel aufgehoben und wieder abgelegt.	Balance Pad, Tennisball
9	Standwaage mit Ball werfen und fangen → instabiler Untergrund → dynamische Arbeitsweise	Die Probandin befindet sich in der Ausgangsposition wie in Übung 7. Während der Übungsausführung bleibt das Standbein mit der gesamten Fußsohle fest auf dem Boden. Durch eine Extension in Hüft- und Kniegelenk wird ein Bein nach hinten oben gestreckt. Dabei lehnt sich der Oberkörper nach vorne und die Arme werden nach vorn parallel zum Boden gestreckt. In den Händen hält die Probandin einen Ball. Die Standwaage wird über die Belastungsdauer gehalten. Erst danach erfolgt ein Beinwechsel. Für eine dynamische Arbeitsweise wird der Ball einem Partner zugeworfen und wieder gefangen.	Balance Pad, Ball
10	Beidbeinige Kniebeuge → instabiler Untergrund → dynamische Arbeitsweise	Die Ausgangsposition der Probandin ist ein hüftbreiter Stand. Dabei sind die Kniegelenke leicht gebeugt. Der Oberkörper ist gerade und der Blick nach vorn gerichtet. Während der Übungsausführung werden die Knie gebeugt, um in die Hocke zu gehen. Dabei wird der Rücken nicht gerundet oder überstreckt. Das wird durch eine Flexion im Hüft- und Kniegelenk erreicht. Dazu beugt sich der	Therapiekreisel

Nr.	Übung	Beschreibung	Hilfsmittel/ Kleingeräte
10		Oberkörper leicht nach vorn und der Rumpf wird angespannt. Für eine dynamische Ausführung findet ein Wechsel von Flexion und Extension in Hüft- und Kniegelenk statt.	
11	Einbeinstand mit Ball um den Rumpf kreisend → instabiler Untergrund → dynamische Arbeitsweise	Die Probandin befindet sich in der Ausgangsposition in einem hüftbreiten Stand. Dabei sind die Kniegelenke leicht gebeugt. Der Oberkörper ist gerade und der Blick nach vorn gerichtet. Während der Übungsausführung bleibt das Standbein mit der gesamten Fußsohle fest auf dem Boden. Durch eine Flexion in Hüft- und Kniegelenk wird ein Bein leicht angehoben. Das angehobene Bein wird über die Belastungsdauer gehalten. Zusätzlich wird ein Ball um den Rumpf geführt. Danach wird das Bein gewechselt.	Therapiekreisel, Ball
12	Einbeinstand mit Ball werfen und fangen → instabiler Untergrund → dynamische Arbeitsweise	Die Probandin befindet sich in der Ausgangsposition (siehe Übung 11). Durch eine Flexion in Hüft- und Kniegelenk wird ein Bein leicht angehoben. Das angehobene Bein wird über die Belastungsdauer gehalten. Zusätzlich wird ein Ball in die Luft oder zu einem Partner geworfen und wieder gefangen. Danach wird das Bein gewechselt.	Therapiekreisel, Ball

3.2 Belastungsgefüge Koordinationstraining

Tabelle 5: Belastungsgefüge Koordinationstraining (eigene Darstellung)

Belastungsparameter	
Trainingshäufigkeit/Woche	3-mal pro Woche
Sätze/Übung	3 Sätze pro Übung
Satzpausen	45 Sekunden
Belastungsdauer	Statisch: 30 Sekunden
	Dynamisch: 12 Wiederholungen pro Seite

3.3 Begründung zur Trainingsplanung für das Koordinationstraining

Die im Trainingsplan aufgeführten Übungen umfassen alle einen Teilaspekt der Koordination – der sogenannten Propriozeption. Diese umfasst die Gleichgewichtsfähigkeit sowie die Anpassungs- und Reaktionsfähigkeit (Häfelinger & Schuba, 2007, S. 21). Die Probandin muss in den unterschiedlichen Übungen immer präziser das Gleichgewicht regulieren.

Nach Chwilkowski (2006, S. 56-58) sollte ein propriozeptives Training von leichten zu schweren, von einfachen zu komplexen und von statischen zu dynamischen Anforderungen aufgebaut sein, um eine Progression des Schwierigkeitsgrades zu erzielen. Die Unterstützungsfläche von einer stabilen zu einer instabilen Unterlage wechseln und sukzessiv verkleinert werden, um die Balance zu erschweren. Für die Probandin wurden verschiedene Unterlagen, wie Pezziball, Balance Pad und der Therapiekreisel gewählt, um ein breites Angebot an Variation und koordinativen Anforderungen zu schaffen. Zusätzliche Ausführungen komplexer Zusatzaufgaben, wie den Ball fangen und zurückwerfen lenkt die Aufmerksamkeit von der Körperhaltung ab. Diese zusätzlichen Aufgaben erhöhen den Schwierigkeitsgrad und verbessern die Koordination sowie das reflektorische Stabilisationsvermögen. (Chwilkowski, 2006).

Eine Progression des Schwierigkeitsgrades bei der Übungsausführung erfolgt über eine Veränderung der Körperausgangsstellung (Chwilkowski, 2006, S. 61; Häfelinger & Schuba, 2007, S. 61), z.B. von einem Zweibeinstand zu einem Einbeinstand. Gleichzeitig sollte das Training mit geschlossenen Augen nicht vernachlässigt werden. Nach Angaben der Probandin hat sie bereits Erfahrungen im Bereich Koordinationstraining und wird als fortgeschritten eingestuft. Daher wurden die Übungen so gewählt, dass die Probandin nicht überfordert, aber auch nicht unterfordert wird.

Ein propriozeptives Training sollte in einem ausgeruhten, aber aufgewärmten (Warm-up 5-10 Min.) Zustand am Anfang einer Trainingseinheit durchgeführt werden und nicht länger als 45 Minuten dauern (Chwilkowski, 2006, S. 61; Häfelinger & Schuba, 2007, S. 61). Nach Jansenberger (2011, S. 75) sind drei Einheiten pro Woche in einem förderlichen Bereich. In Sportarten, in denen Koordination und Gleichgewicht eine wichtige Rolle spielen, ist es zur Leistungsoptimierung notwendig mehrmals in der Woche ein Trainingsprogramm durchzuführen (Kuhnert, 2009, S. 25). Die Sportart Cheerleading, welche von der Probandin regelmäßig ausgeübt wird, fordert ein hohes Maß an Koordination und Gleichgewicht.

Für die Probandin wurden zwölf Übungen, die jeweils mit drei Sätzen absolviert werden müssen, ausgewählt. Durch das Erhöhen der Anzahl an Sätzen steigt die Effektivität der einzelnen Übungen an (Kuhnert, 2009, S. 24).

Aufgrund des Trainingszustandes der Probandin und des vorgegebenen Zeitrahmen werden nach jedem Satz ca. 45 Sekunden Pause gemacht. Dies entspricht der Empfehlung nach Chwilkowski (2006) und Häfelinger & Schuba (2007), die eine Pausendauer von mindestens 45 Sekunden als sinnvoll ansehen.

Außerdem entsprechen fünf bis 30 Wiederholungen einer sinnvollen Anzahl für eine dynamische Arbeitsweise der Übungsausführungen. Daher wird für die Probandin eine Wiederholungsanzahl von zwölf pro Seite bzw. 24 insgesamt ausgewählt. Die Haltedauer bei statischen Übungen wird mit fünf bis 60 Sekunden als sinnvoll angesehen (Chwilkowski, 2006, S. 61; Häfelinger & Schuba, 2007, S. 61). Bei den Übungen mit einer statischen Arbeitsweise wird für die Probandin eine Belastungsdauer von 30 Sekunden gewählt.

4. Literaturrecherche

4.1 Studie 1

Tabelle 6: Studie 1

Titel	Veränderung der Reaktionszeit und Explosivkraftentfaltung nach einem passiven Stretchingprogramm und 10minütigen Aufwärmen
Autor	Rosenbaum, D. & Henning, E. M.
Publikationsjahr	1997
Forschungsfrage	Kann durch Stretching eine Verbesserung der Flexibilität, Verminderung der Verletzungsanfälligkeit und Verbesserung der sportlichen Leistungsfähigkeit erreicht werden? (S. 95)
Versuchspersonen	55 männliche Sportler aus unterschiedlichen Disziplinen, Sportstudenten der Universität Essen und Mitglieder lokaler Sportvereine (S.96) o Alter (Jahre): 25,3 (±4,0) o Körpergröße (in cm): 181,9 (± 5,7) o Körpergewicht (in N): 747,5 (± 78,5)

Versuchsaufbau	o Test erfolgt morgens, vor körperlicher Betätigung der Probanden (S. 96)
	
	Messungen wurden unter folgenden drei Versuchsbedingungen wiederholt (S.96):
	1. Ohne Vorbereitung (=PR)
	2. Nach dem Stretching (=POS)
	    • Statische Dehnung der Wadenmuskulatur von drei Minuten, zwei Übungen je dreimal mit einer Dauer von 30 Sekunden
	3. Nach dem Laufen (=POR)
	    • Zehn Minuten Laufen auf einem motorgetriebenen Laufband, mit frei gewählter, langsamer Geschwindigkeit
	    • Aufwärmeffekt wurde mithilfe eines digitalen Thermometers gemessen (misst die Temperatur auf der Haut)
	o Dauer insgesamt: etwa zwei Stunden
	
	Erfassung der Leistungsfähigkeit der rechten Wadenmuskulatur (S.96):
	o Probanden sollen auf ein akustisches Signal den Fuß so schnell und so kräftig wie möglich strecken und wieder entspannen
	o Erzeugte Kraft wurde auf eine Fußplatte übertragen, war über ein Stahlseil an einem Kraftaufnehmer befestigt, dynamisch erzeugte, isometrische Plantarflexionskraft konnte erfasst werden
	o Flexibilität im Sprunggelenk – an der Vorrichtung wurde über eine Umlenkrolle ein Hantelgewicht von 13 kg angebracht,

Titel	Veränderung der Reaktionszeit und Explosivkraftentfaltung nach einem passiven Stretchingprogramm und 10minütigen Aufwärmen
Versuchsaufbau	welches den Fuß mit einem Drehmoment von 32 Nm in Richtung Dorsalflexion zog o Ein Potentiometer an der Drehachse der Fußplatte misst das Winkelausmaß der Drehbewegung als Maß der Dorsalflexion im oberen Sprunggelenk o Nutzung bipolarer, aktiver Oberflächenelektroden zur Messung der Muskelaktivität des medialen Gastrocneminuskopfes (Gas) und des Soleus (Sol) o Elektroden wurden über den Muskeln aufgeklebt und mit Bandagen gesichert Signifikanz (S. 97): o Ergebnisse aus fünf Einzelversuchen ermittelt und mit Varianzanalyse überprüft o Ergebnisse mit p < 0,05 = signifikant/p < 0,01 = hochsignifikant
Ergebnisse	POS (S.97): o Hauttemperatur unverändert o Dorsalflexion signifikant erhöht o Gesamtreaktionszeit (ab Signal bis Anstieg Kraftsignal) nahezu unverändert o Elektromechanische Verzögerung (Zeitintervall zwischen Anstieg im EMG und Kraft-Signal) verlängerte sich o Maximal entwickelte Kraft etwas niedriger o Zeit ab Signal bis Erreichen Spitzenkraft unverändert o Halbrelaxationsrate leicht gesunken o Impuls (Integral der Kraft über die Zeit) nahm signifikant um 8% ab o Abnahme der EMG-Amplitude und EMG-Integral über gesamten Zeitraum POR (S.97): o Temperaturerhöhung um 1,7 Grad Celsius o Dorsalflexion signifikant erhöht o Gesamtreaktionszeit (ab Signal bis Anstieg Kraftsignal) verkürzt sich hochsignifikant um ca. 6 ms o Elektromechanische Verzögerung (Zeitintervall zwischen Anstieg im EMG und Kraft-Signal) verkürzte sich signifikant o Maximal entwickelte Kraft stieg hochsignifikant um 15% o Kraftanstiegsrate hochsignifikant um 15% erhöht o Halbrelaxationsrate hochsignifikant um 30% erhöht o Impuls stieg signifikant um 9% o Abnahme EMG-Amplitude und EMG-Integral nach Laufen, über gesamten Messzeitraum integrierte EMG-Signale stiegen nach dem Warmlaufen
Schlussfolgerungen	Insgesamt deuten die Auswirkungen des Stretching darauf hin, dass diese Art der Behandlung zur Benachteiligung der Leistung führt (S. 98f.). Die hervorgerufene Fähigkeit zur Kraftentfaltung wird eingeschränkt. Allerdings zeigen sich verletzungsmindernde Effekte nach dem Stretching (S. 99). Die nachteiligen Effekte des Stretchings werden durch das anschließende Warmlaufen kompensiert und es konnte eine Leistungssteigerung in Form einer verbesserten Schnellkraftfähigkeit erreicht werden (S. 99).

4.2 Studie 2

Tabelle 7: Studie 2

Titel	Dehnen und Leistung – primär psychophysiologische Entspannungseffekte?
Autor	Wiemeyer, J.
Publikationsjahr	2003
Forschungsfrage	Kann durch psychophysiologische Entspannung vergleichbare Leistungseinbußen wie durch Dehnung hervorgerufen werden und wie hängen die Leistungseinbußen durch Dehnen und Entspannung zusammen? (S. 288)

Versuchspersonen	14 erwachsene Probanden (6 Frauen, 8 Männer) (S. 291)
	   o Alter: Ø 21 Jahre
	   o Größe: Ø 174 cm
	   o Gewicht: Ø 66 kg

Versuchsaufbau	o Beidseitiges passiv-statisches Dehnen der Hauptmuskeln des Vertikalsprunges (Hüftstrecker, Kniestrecker, Hüftbeuger, Kniebeuger, Fußbeuger) je dreimal für 20 Sekunden o Probanden wurde in zwei Gruppen geteilt, eine Hälfte startet mit der A-Phase, die andere mit der B-Phase o Probanden wurden zweimal an zwei verschiedenen Tagen untersucht (AB- bzw. BA-Plan) o Aufgabe: vertikaler Strecksprung mit frei gewählter Ausholbewegung (S. 291) Ablauf A-Phase: 1. 4 Standhochsprünge 2. 5 Minuten standardisiertes Aufwärmen (Lauf- und Sprungübungen) 3. 4 Standhochsprünge 4. 6 Minuten statisches Dehnen 5. 4 Standhochsprünge Ablauf B-Phase: 1. 4 Standhochsprünge 2. 5 Minuten standardisiertes Aufwärmen (Lauf- und Sprungübungen) 3. 4 Standhochsprünge 4. 6 Minuten statisches Dehnen 5. 4 Standhochsprünge Messparameter: o Sprunghöhe (Differenz zwischen der Reichhöhe im Stand frontal zur Wand und Reichhöhe im Sprung seitlich zur Wand) o Mittelwert der vier Standhochsprünge gewertet o Reliabilität liegt bei ≥ 0,8 Methoden zur Auswertung (S. 291f.): o Normalverteilung: Kolmogorov-Smirnov-Test, geprüft mit Lillie-fors-Korrektur o Keine Normalverteilung gegeben, Mittelwertunterschiede mit Wilcoxon-Test geprüft o Zusammenhangshypothesen mit Rangkorrelation nach Spearman geprüft (außer Reliabilitätsprüfungen)

Titel	Dehnen und Leistung – primär psychophysiologische Entspannungseffekte?
Versuchsaufbau	Effektgrößen (S. 292): o 0,2 = gering o 0,5 = mittel o 0,8 = stark o da keine Normalverteilung gegeben, nur als grobe Tendenz interpretierbar
Ergebnisse	o Test-Retest-Reliabilität der Sprungleistung mit Produkt-Moment-Korrelationen bestimmt, signifikant positiv zwischen 0.982 – 0.996 o Testhalbierungsreliabilität mit Produkt-Moment-Korrelation bzw. Spearman-Brown-Korrekturformel bestimmt (mit seriell und Odd-even Verfahren): liegen bei 0,990 und höher (durchweg ausgezeichnete Reliabilität) o Aufwärmeffekt: Anstieg Sprunghöhe um 4,5% o Nach Aufwärmen realisierte Sprunghöhe sank nach dem Dehnen um Ø 2,6% und nach dem Entspannen um Ø 2,2% o Nach dem Dehnen bei zwölf, nach der Entspannung bei zehn Probanden Abfall Sprunghöhe o Veränderung Sprunghöhe nach Dehnen und Entspannen korrelieren signifikant o Bei neun Probanden Veränderung der Sprunghöhe beim Dehnen deutlicher, bei vier Probanden genau umgekehrt (S. 292)
Schlussfolgerungen	Die Ergebnisse zeigten, dass sowohl Dehnung als auch Entspannung zu einer deutlichen Abnahme der Leistung beim Vertikalsprung führten. Es gab eine signifikante Korrelation (R=.51) zwischen den beiden Interventionen. Daher muss psychophysiologischen Inaktivierungsprozessen ein wichtiger, wenn nicht sogar ausschließlicher Anteil zur Reduzierung der Schnellkraftleistung zugeschrieben werden. (S.288) Eine Verschlechterung der sportlichen Leistungsfähigkeit durch statisches Dehnen ist zu erwarten, allerdings sind noch nicht ausreichende Befunde vorhanden. (S.293)

5. Literaturverzeichnis

Albrecht, K. & Meyer, S. (2014). *Stretching und Beweglichkeit. Das neue Expertenhandbuch* (3., überarbeitete Aufl.). Stuttgart: Karl F. Haug.

Chwilkowski, C. (2006). *Medizinisches Koordinationstraining - Verbesserung der Haltungs- und Bewegungskoordination durch Propriozeption* (2. Aufl.). Köln: Deutscher Trainer Verlag.

Freiwald, J. (2009). *Optimales Dehnen* (1. Aufl.). Balingen: Spitta Verlag

Häfelinger, U. & Schuba, V. (2007). *Koordinationstherapie - propriozeptives Training* (3. Aufl.). Aachen: Meyer & Meyer.

Jansenberger, H. (2011). *Sturzprävention in Therapie und Training*. Stuttgart: Thieme Verlag.

Klee, A. & Wiemann, K. (2005). *Beweglichkeit/Dehnfähigkeit* (Band 17). Schorndorf: Karl Hoffmann Verlag.

Knebel, K.-P. (1985). *Funktionsgymnastik*. Reinbek: Rowohlt.

Kuhnert, C. (2009) *Koordination und Gleichgewicht* (1. Auflage). Wiebelsheim: Limpert Verlag

Marschall, F. (1999). Wie beeinflussen unterschiedliche Dehnintensitäten kurzfristig die Veränderung der Bewegungsreichweite? *Deutsche Zeitschrift für Sportmedizin, 50* (1), 5-9.

Rosenbaum, D. & Henning, E. M. (1997). Veränderung der Reaktionszeit und Explosivkraftentfaltung nach einem passiven Stretchingprogramm und 10minütigen Aufwärmen. *Deutsche Zeitschrift für Sportmedizin, 48* (3), 95-99.

Tomasits, J. & Haber, P. (2016). *Leistungsphysiologie. Lehrbuch für Sport- und Physiotherapeuten und Trainer* (5. Aufl.). Berlin-Heidelberg: Springer-Verlag.

Walker, B. (2014). Anatomie des Stretchings. Mit der richtigen Dehnung zu mehr Beweglichkeit. München: Riva Verlag.

Wiemann, K. & Klee, A. (2000). Die Bedeutung von Dehnen und Stretching in der Aufwärmphase vor Höchstleistungen. *Leistungssport, 30* (4), 5-9.

Wiemeyer, J. (2003). Dehnen und Leistung – primär psychophysiologische Entspannungseffekte? *Deutsche Zeitschrift für Sportmedizin, 54* (10), 288-294.

Wydra, G., Glück, S. & Roemer, K. (1999). Kurzfristige Effekte verschiedener singulärer Muskeldehnungen. Deutsche Zeitschrift für Sportmedizin, 50 (1), 10-16.

6. Tabellenverzeichnis

BEI GRIN MACHT SICH IHR WISSEN BEZAHLT

- Wir veröffentlichen Ihre Hausarbeit,
  Bachelor- und Masterarbeit

- Ihr eigenes eBook und Buch -
  weltweit in allen wichtigen Shops

- Verdienen Sie an jedem Verkauf

Jetzt bei www.GRIN.com hochladen
und kostenlos publizieren